DELICADOS EQUILIBRIOS

Yanis Strumbas

DELICADOS
EQUILIBRIOS

Traducción
José Antonio Moreno Jurado

EL ÁRBOL DE LA LUZ
60
ΤΟ ΦΩΤΟΔΕΝΤΡΟ

Padilla Libros Editores y Libreros
Sevilla 2024

C O L E C C I Ó N
P O É T I C A
DE AUTORES GRIEGOS
CONTEMPORÁNEOS
EL ÁRBOL DE LA LUZ
TO ΦΩΤΟΔΕΝΤΡΟ
N.º 60

Título original: *Λεπτές ισορροπίες*

© de los poemas: Yanis Strumbas

© de la traducción: José Antonio Moreno Jurado
© de la presente edición: Padilla Libros

ISBN: 978-84-8434-821-4

D. Legal: SE 1956-2024

1.ª impresión, agosto de 2024

Padilla Libros Editores y Libreros
C/ Trajano n.º 18
41002 Sevilla (España)
editorial@padillalibros.com

LO NECESARIO PARA SOBREVIVIR
(2006)

EL PRÍNCIPE
Y LA PRINCESA ENCANTADA

A Froso

Se levantó medio despierta
a la humedad de su beso.
Las células se reanimaron
se refrescaron a su tierno roce
se enderezaron erguidas
apretando en su piel vigorosa
la vida que salía
del letargo

Entonces el príncipe
que la sacó del estupor
resolviendo la magia
pidió noble y placenteramente
saber su nombre.
—Soy la princesa Tetona,
respondió inocentemente
sin conciencia
de la pasión del encendido
es su toples.

CORRECCIÓN DE EXPOSICIONES

remaba en el blanco enteramente fragmentado
entre los trozos diablos rojos
de cansancio indisciplinado
resistencias aplastadas
socavones que le arrancan los remos
resistencias aplastadas
en la anárquica construcción del cigarrillo
en la helada deconstrucción del café
en la triste reconstrucción de la memoria
y torbellinos, sólo torbellinos
atrayendo los naufragios del descanso
en el dilatado vacío de la niña
de sus ojos

Sobre el escritorio con la lámpara encendida
el desvelo tirotea los párpados.

ALBAHACA

Como te agrandas orgullosa
y perfumas cuando te podan
Como llena de aroma
santificas
tonificas
digieres
activas
curas
y alegras
no sé en absoluto que eres de la realeza
y no un pobre ilota.

INOCENCIA PERDIDA

Había criado a la muchacha de veintidós años
con todo su amor, autoridad, autenticidad
Pero los tiempos difíciles lo llevaron
a casarla para mantenerla.
El riquísimo suegro pidió su mano
Le ofrecía sus capitales
y los invirtió como dote en su honestidad.

La inocencia llegó al final con la boda
¡pero era una muchacha tan hermosa
su Objetividad!

DIÁLOGO ALTERNATIVO

Ven, amigo mío, a dialogar
tendrás generosamente el paso boquirroto
    de tu palabra
tendrás argumentos de piel
y vocecita de pelo
Tu perfil fotogénico
figurará de raíz en la pantalla
Ven a estar de acuerdo con mi palabra
    coronada de luz
Y si están en desacuerdo no te haré mal
    discretamente
aunque tengas la culpa
Y si tus posturas están justificadas
ven de nuevo conmigo;
te seré grosero para tu provecho
como propuesta alternativa tendrás
mi sincera intransigencia conciliadora.

EQUILIBRIOS LEPROSOS
(2010)

EQUILIBRIOS DELICADOS

¡Qué alegría en la alegría infantil
soltar a mis adoptados!

Me enorgullezco como
Mis contradicciones se equilibran
    en el balancín
En la cuna arriba o abajo sagradas ambiciones
Todos alrededor están totalmente locos
Mis rebajas en el tobogán.

Algunas abuelitas, una vez, con nietas
    santidades
que no saben cómo es que todo lo suyo es mío
me reprenden fieramente porque mantengo
delicados equilibrios leprosos.

En absoluto me intimido.
Todos mis adoptados
para mí son hijos míos.

TALENTO ARTIFICIAL

Aprendamos en la máquina
a reaccionar humanamente;
El nuevo gran paso
puesto que enseñamos al hombre
a vivir mecánicamente.

PRIMERA CRIATURA

No basta con que me seque
tierra seca
por el calor del día
y tú me escupes desde arriba;

Tierra y saliva;

Dejarme en tus manos
como barro bien hecho.

VITRINA

Parece que algo sabía
cuando evité las disputas.
Prefería no hablar puesto que
el silencio es oro.
Excavando silencios dorados me aseguré
de que el silencio es metal. Valioso.
Excavando silencios dorados creé
mi fabuloso tesoro
de relaciones coleccionables.
Y me quedé tranquilo.

Relaciones coleccionables. De vitrina.
Y el silencio es metal. Valioso.
Quedaos intranquilos.

EXPIRACIÓN

Cuando pienso en el día en que el ciprés
aterrizó en mi cabeza su rama vieja
tirándome al suelo definitivamente
en su patio familiar
Me lleno de lágrimas
por tratarme tan injustamente;

a mí,
que exhalé
dióxido de carbono
para que construyese aquel
vigoroso tronco.

ÉPOCAS VIAJERAS

Invierno verano
holgazaneas ante mí con el descapotable
en invierno con el techo cerrado
en verano abierto
Dirías que te esperamos a ti
para saber que las épocas cambian.

Un descapotable no hace primavera
ni ninguna otra época.
No tengo descapotable.
Pero si miras en los asientos
infantiles de mi sedán
encontrarás siempre cada época:
arena de la playa
banderitas del 28 de octubre
serpentinas, confetis,
coronas secas del primero de mayo.

DEFINICIÓN DEL SURREALISMO

Para Yorgos

¡Déspina, Déspina
ocúltate bien bajo la cama
para que no pueda encontrarte!

Tantas proclamas
estudios
manifiestos
Cancelados
por la sabiduría epigramática
de la picardía infantil.

BUSCAMINAS

Para Déspina

¡Otra vez el padre está nervioso
y te envió, pequeña mía, tu hermanito
—cerebro estratégico y organizador
de toda picardía—
a colocar el campo de minas
con el peligro de que las cojas!

No te enseña, amor mío, tu hermano
a contar sólo los números en la teoría;
en la práctica te enseña
cómo se queda siempre en la retaguardia
el estratega lejos del fuego enemigo
y cómo estalla la mina
en las manos del artificiero.

CEBOLLA

Intentas con capas reiteras
mantener tu corazón
secreto siete veces sellado.

¿Por qué te envuelves y en vano te envuelves?
Si tu oculto interior
no se diferencia en absoluto del exterior.

SALOMÉ

Te paseas yendo y viniendo
con el disco en las manos.
Te lo has tomado como una cosa propia
Y te hiciste cargo personalmente
del servicio.
—*¿Usted tomará algo?*
¿Un licorcito, un chocolatito?
No preguntes con tanto celo en plural
irónica o impersonalmente.
—*Gracias, te respondo.*
buscando mi rostro perdido.
Y pago yo
mi cabeza en el plato.

ÍCARO

Niño difícil.
El padre, lejos,
Ícaro en Tanagra.
Él en una calima de heroísmo y privación
rompe en agotamientos y despegues
O inestable y laberíntico
de la altura y la profundidad

De los casos extraños
en los que el padre es Ícaro
y el hijo Dédalo.

COLONIZACIÓN CONTEMPORÁNEA

Esta incomodidad contemporánea de ambición
no se combate con colonizaciones
    horizontales.
Se exige una colonización vertical.
No para que los edificios arrasquen el cielo.
Sólo para que lo rompa en su cima
la gigantesca señalización
con el nombre del contratista.

DESEMBOCADURA

Palabra épica
Palabra río
Se lleva a la multitud
Esparce escalofrío en el mar pueblo
Y él lo abraza
Lo glorifica
Y de sus labios
Se absorbe enlunizado

Secreto retórico
Desembocando
El mar.
En el río.

JABALINA

Si vibra en los aires
y se mueve con pasión
y estupefacta tiembla
es que va
a clavarse.

MESA FAMILIAR

Nada como las mesas familiares
con ese calor del encuentro
sintiendo que te escuchan y que hablas;

Fuera de cosas del trabajo, eso es confidencial
    y no sale afuera;
y de cosas familiares, nueras, suegras,
    que no haya ningún descuido;
¿De enfermedades? Eh, no, es día de fiesta;
    a parte la trampa de las herencias.
¿Murmuraciones sobre estrellas televisivas?
    Vacíos de plano.
¿Sobre los niños? ¿No será aburrido más de lo
    mismo?
De erotismo ante los niños se entiende que no.
¿De política? ¿Qué espacio sobra para
    disputas?
Y ¿en cuanto al fútbol? Amemos otras
    palabras.

Y los platos tan atractivos humean...
Afortunadamente cuando comen no hablan.

CUBO DE BASURAS

Sabe los secretos del barrio
detalles fenoménicamente insignificantes
que descubren sin embargo calidades;
qué y cuánto come cada uno
qué ropa interior viste
qué estropeados están sus calcetines
cuál es su vida amorosa.
Y analizan psicológicamente. En profundidad;
qué afable es el ropavejero
y qué pretenciosos los otros, los de bien,
que gesticulan con asco cuando lo cogen.

Cuando se acercan a él con el asco debido
se tapa la nariz
para escapar de sus hedores.

DESPACHO DE TURISMO SINGULAR
(2016)

MI PELOTA MARINA

Aquella pelota que de niño
me robaron el aire y la ola
meciéndola allá adentro
en lo hondo del mar, oscuro escalofrío,
La encontré finalmente anteayer
en el archipiélago de la memoria.

CON EL CUCHILLO

—*Dulces sandías de Crisópolis*
con el cuchillo;
a todas las degollo, a todas las acuchillo,

Sí;
Dulces sandías de Crisópolis
ocho en punto de la mañana.
Otra vez nos degollaste
con el cuchillo
maestro.
Sobre el dulce sueño.

CUESTIÓN LINGÜÍSTICA

Década de 1980; niño aún.

Otra vez vacaciones en la isla, en los mismos
    jardines.
Para descanso como cada julio,
aunque no me forzó el Segundo curso.
Rompo los helados
más allá del quiosco;
helados, lukumades y juegos
son el abuso del verano.
Mi cucurucho se disuelve continuamente, me
    vuelvo tonterías.
Te ofrezco, pero cambias de tema.
Son tus últimas vacaciones, me dices.
Ves, las lenguas extranjeras.
Te prepararás para lower del tiempo.

Generalmente este año no te veo mucho.
Está también ese Daniel, nueva amistad,
dos años mayor, que te educa.
Como que os vi en la playa, tras las rocas.
Quizás practicarías la lengua extranjera.

Creo que siempre estuviste avanzada;
no sencillamente para lower
sino para competencia, estás preparada
    para el máster.

Sacudo de las manos los helados derretidos.
Es cuestión de que los alcance intactos
una sola lengua.
Aprieto el billete de cien y corro
más allá, al quiosco
tirando monedas arriba
al tragador infantil de monedas
de mi Flipper.

INADAPTADO

Década 2010; padre ya.

Otra vez en el minimercado de la esquina,
en los salones de juegos del jardín,
pierde el tiempo y sus euros
nuestro hijo el inadaptado;
tal psiquismo enfermo, ¿no ve
enfrente exactamente el internet café?

HABITACIÓN CON RUIDO

Una habitación limpia para dormir
busqué.
Excluí
que se encontrara
en una calle ruidosa, céntrica;
rechacé
la de la multitud del puerto;
aseguré
que no alborotara debajo un bar;
Comprobé
que no pasara un vendedor
ambulante con sandías.

Cómo me la jugó así el urogallo
en los abismales amaneceres
Cómo me la jugaron las chicharras comunes
al mediodía.

BLANCOS Y COMO LA ESPUMA

Es sencilla provocación el horno en la isla;
toda la ciudad oliendo por las mañanas
a pan campesino,
vaporoso, crujiente, como la espuma.
Y no sólo eso: donuts, empanadas, tornados,
kulúria, pizzas, lukumades
que te atrapan por la nariz,
que te arrastran a la cola

Allí donde otros panecillos apetecibles
también, y blancos y como espuma,
asfixiantes sobresalen
de los pañuelos ajustados
de cada turista.

BLUSA DE VERANO

A Lula

Me curiosean detalladamente
cuando espero a mi hermana
para la discoteca.
—*¡Qué lindo! ¡Aéreo! ¡Dios!*
Así son las gimnastas.
Se emocionan
cada vez que ven
a muchachitos
de los primeros cursos de la escuela.
—*Pero ¡qué colores melosos!*
¡Qué vuelo de danza!

De acuerdo, exageraciones.
Lo sé, me coge el sol los veranos
pero aún no entro en el baile.
Ni tengo músculos viriles, digo,
para que las miradas se claven en mi pecho
con avaro deseo
ni para que los tactos en abrazos borboteen
en el tranquilo blues romántico
de la noche veraniega.

No os apresuréis;
veréis,
al crecer me pareceré
al John Travolta
de mi blusa.

JUNTO A LA OLA

Ola junto a los pinos.
Pinos junto al camino.
Camino junto a la montaña.
Montaña junto a las nubes.
Nubes junto al sol.
Sol junto a las muchachas.
Muchachas junto a mí.
Yo junto a la ola.

Una ola de frescor.

TORTUGA BOBA

La rodean en el puerto
llenos de curiosidad
le hacen fotos, vídeos,
mientras los pescadores la alimentan
con lo que no sobra en sus redes.

Ella, como una diva,
continúa su trabajo
sin detenerse en una pose,
sin ninguna altanería,
toda ella una sencilla apatía.

Seguramente yo también lo haría así
sabiendo que lo mismo y lo mismo ha ocurrido
durante cien años enteros.

MEDUSAS

Le habla ostentosamente
para que la playa los oiga.
Lo adorna
con todos sus pícaros cosméticos
que olvidó coger la sandía
Y recuerda oportunamente
lo que le reprocha generalmente
como incapacidad o cobardía.

Él encogido bajo la sombrilla
cierra sus ojos en silencio.
Tiene sólo una amarga sonrisa
cuando la escucha entrar en el agua
preguntando:

—*¿Hay medusas hoy?*

SABIDURÍA CREATIVA

Lo cocinó todo en la sabiduría.
Sólo que se Le escapó un poco
la sal en el mar.

MEJILLÓN

Negra envoltura dura
me ocultas
mi tierna delicadeza.
Fiable es tu escudo
pero tu esencia
está en el Fondo.

No como yo
que tengo por fuera
mi tierna carne
y en el fondo
sólo huesos.

Simple Superficie soy
insípida y molesta.

Aunque quizás a veces
del Apocalipsis.

ALTÍSIMO PINTORESQUISMO

Desde la cubierta del barco
centro en la linterna digital
mi pintoresco puerto
en despedida conmemorativa.

Abajo en la cornisa fotográfica barquitos
azules y blancos se mecen tiernamente
En el muelle los atrevidos con zambullidas
crees que van a salpicarte el cristal.
En las faldas las casitas cimentan la montaña
soleadas y encaladas.
Matorrales escaladores trepan sin miedo
glorificando alrededor la iglesia.
Patrón iglesia
Imponente
Providencia
Panconocedora.
Y en los cielos de la cima y la cornisa

Altísimas
Anárquicas
Poderosas
las antenas de la Telefonía Móvil.

DESDE EL SITIO DEL COPILOTO

Goza de los paisajes
y además
en el espejo del espantapájaros
extiende el colorete
o colorea
párpados y labios.
Copiloto.
El eufemismo absoluto
junto a la
Concapitalidad.

LAVADORA

Servilletas, shorts, blusas
otra vez se recogieron regadas de salitre.
No alcanzas una pila
y viene nueva, insistente,
a pedirte frescura urgentemente.
Como si no se vaciase al momento
el cesto con la ropa sucia.
Como si encantada respondiese
futuro, presente y pasado
ante una lavadora

en la rotación sobrecargada del tiempo.

ENFRIADOR DE HIELO

Mamá,

sucedió algo extraño
mientras te bañabas.
Yo jugaba allí
ante nuestra tienda de campaña
con la arena,
se acercó cojeando
una señora con sombrero de paja
y me pidió agua.
Abrí la fuentecilla del enfriador
y le ofrecí
el agua del hielo.
—*¿Por qué cojea, señora?*
le pregunté.
—*Acabo de salir del yeso*
me explicó.
Levantó el vaso
y comenzó a beber.

Y mientras sorbía ávidamente
la vi, sorprendido, volverse

como haraposa, como mendiga,
sin casa y sin trabajo,
diríase, y cuarenta años
aplastaron su joroba.
Aguas se derramaron entonces
de su dentadura
y quedaron como estalactitas heladas
en su barbilla.
—*Del yeso al hielo,*
cantó misteriosamente.
Y desapareció
por donde vino.

PERÍMETRO
(2023)

HORMIGUERO

¿Qué esconde en su interior
un hormiguero?
¿Qué vive y cómo
en la oscuridad polidedálica?

De pequeño,
como excavador, barría
con el puño la tierra
y metía una rama
para abrir una avenida.
Nada.
Sencillo traslado de oscuridad
para algunos cientos.

Ahora ya sé,
existe también otra manera.

PARA PERSONAS CON
NECESIDADES ESPECIALES

Señalización de bajada a máquinas voladoras.

De frente, escaleras.
A la derecha, ascensores.

Restricción:
El uso se destina a personas con necesidades
especiales.

—Joven e intacto, ¿para qué el abuso?
me reprende la abuela con nieto en carrito.

¡Audacia que tienen las viejas!

No responderé despacio.
Sólo yo sé que
Me acompaño
Con sentimientos inválidos.

ESCALERAS MECÁNICAS

Endemoniadas, conducen
a planos no soleados.
Chándales, bolsas, maletines, niños
se equilibran en intensidad.
Al zarpar estresadas, trans—
forman mi premura
en miedo al naufragio.
Me agarro como salvación
al pasamanos.

Descensos mecánicos.
Sentimientos mecánicos.

SUMERSIÓN

En los subterráneos
en múltiples planos

zozobras
amasamientos
sufrimientos
reprimidos
aislamiento
precaución
endoscopia

y

bolsos
bolsos
materia
firmas
sobrenombre
confort
extroversión

Aquí

la sumersión

se muestra.

DESDE LA VENTANA

A mi madre

Pego la cara al cristal

Electricidad estática
pasajeros estáticos
asientos
pantallas
escaleras eléctricas

Ruido muerto
Arranque muerto

La luz se hunde en los pasajes

gris pálida negra
hormigón cemento mortero
hormigón cemento mortero

Nueva luz, nueva postura, nueva actitud
hormigón cemento mortero

Nueva luz, nueva postura, nueva actitud
hormigón cemento mortero

Por mi ventana corren
los morteros.

ESCAPE SUBTERRÁNEO

Te quedas inmóvil sobre el suelo.
En el embotellamiento no cae
ni una botella de rescate.
Náufrago en tierra firme
navegas sólo si te hundes.
En la luz todo se inmoviliza.
En el suelo diodos abiertos.

Escapas bajo tierra.

La oscuridad viaja
a la velocidad de la luz.

AIREACIÓN

pocos tapetes sobre la parrilla

desde el fondo
calor de la aireación
por subterráneos fricciones

por los cielos
calor de llovizna

chisporrotea

en la parrilla incandescente
con el perro en brazos

y la galería se airea

y el aliento se airea

UNIVERSO PARALELO

De la siringa
el agujero negro me absorbe.
Traslado de energía.
No sé si me disolveré
o si saldré vivo
a universos paralelos.

De nuevo en la luz.
De nuevo
en la misma angustia de la gelatina,
extraño flujo,
extranjero flujo
de cuerpos paralelos.

Está claro. Existen
también otros universos.
Exactamente paralelos.

MIND THE GAP

Los pasajeros son invitados
A cuidar
De sus sentimientos personales.

Cuidado con el vacío
Que hay entre cerebro y corazón.

DESAPARICIÓN DE UN ANCIANO

Rueda aristocrático.
Palidísimo, resplandeciente
Esplendor star en publicidad
Esplendor star en el tablero.

Curioso escenario.
Suelen las estrellas
volar en luces.
Este tren
rueda a media luz
rueda un papel comercial
vistiendo todo el cuerpo de publicidad.

No como el otro,
el anciano, el brumoso
que se pierde viejo en el túnel
y ni siquiera una mirada sobre él.
Desnudo desaparece
en la nevada del abismo.

Desaparición de un anciano.

LAS BOMBAS INTERIORES

Las profundidades de cemento
doble refugio
contra

la lentitud de avenidas en conserva
o ataque externo
cada vez que suenan sirenas
bocinas de embotellamiento
o bombas de sadismo

Qué quieres

Tantos rostros vacíos

tristeza melancolía desesperación
miedo vacío temblor

Mil bombas horarias
dispuestas a estallar adentro
con un ¡zas!

Qué quieres

La de afuera insensibles

De la bombas interiores
¿quién te salva?

LO CONSTITUÍDO

Miradas fijas
Ciego destino

Tantos dardos pálidos
Ordenados
En dirección a Síntagma
Desordenado período
en la expresión más equivocada
Soldados ociosos
mudos ante lo Desconocido

Caballo de Troya de la caída
Broncíneo de saqueo

VÍAS

Se queda tras la línea de seguridad
esperando el tren

rostro arado
por tormentos y años
frente transiberiana
de Oriente a Occidente

se anuncia el tren
acercándose ceremoniosamente

en paso adelante
—digo ¡que se caerá!
atrapa mi intranquilidad en el aire
y me dice con la mirada al frente:
Hijo mío,
a mí estos carriles
me levantan ahora hace años
vagones a campamentos de concentración;
¿temeré
a un sencillo tren?

EN LA CRISTALERA

Cristales en el túnel,
dirías, inservibles
oscuridad brea paso subterráneo
ya no tienes nada
que ver afuera

Afuera. ¿Qué te importa lo de afuera?
Dentro está toda belleza.
Abuelas con nietos
Efebos y sonrisas y bromas
Parejas de jóvenes enamorados
Todo salud y frescor
¡Enorgullécete!

Que te enorgullezcas
Diacríticamente.
Nunca cara a cara.
Lejos de malentendidos.
Que te enorgullezcas en la cristalera.
En la cristalera.

NIDO BOMBERO

Se suplica a los pasajeros
hasta la terminación del mantenimiento
en los nidos bomberos
que eviten
abrazos apretados
saludos franceses
chispas de nido bombero.

Peligro de incendio.

AVISPERO

A mi padre

¿Qué pregona hacia afuera
un avispero?
¿A qué altura está en el aire y cómo
está conspirando en el fondo oscuro?

De niño,
veía avispas y corría
a ocultarme detrás de mi padre.
Tenía una manera muy personal
sin humo o riego o mosquiteras
de quitar el avispero, de romperlo.
Nunca aprendí esta manera.

Sin embargo aprendí con los años
a entrar como hermano de las avispas
en sus nidos
Volando
para entrar a sus catacumbas
e invertir en la inercia o, como mucho,
en el dispuesto esfuerzo de las abejas

Y después
pintar resplandecientemente
desde lo más profundo de la tierra
el barro más baboso.

Ahora ya sé
Existe otra manera.

ÍNDICE

ÍNDICE

LO NECESARIO PARA SOBREVIVIR
(2006)

EQUILIBRIOS LEPROSOS
(2010)

DESPACHO DE TURISMO SINGULAR
(2016)

PERÍMETRO
(2023)